# Helga Panitzky

*Im Zyklus der Zeit*

*Gedichte*

1

Helga Panitzky
Im Zyklus der Zeit        2. Ausgabe

ISBN 978-3-89811-261-1

Verlag und Herstellung: Books on Demand GmbH, Norderstedt

Personen und Handlungen sind frei erfunden. Ähnlichkeiten mit
lebenden Personen sind nicht beabsichtigt.

# Im
# Zyklus der Zeit

## von

## Helga Panitzky

### Gedichte

Augenblicke


Fünf muntere kleine Flammen
sich fröhlich aus dem Feuer schlangen.

Die erste sprang nun in die Höh.
Die zweite klagt: "Oh weh, oh weh!"

Die dritte lacht: "Das Spiel ist aus."
Die vierte springt den Himmel rauf.

Die fünfte jedoch nahm der Wind
und trug sie durch die Welt geschwind.

Alle fünf vergingen je,
das Feuer rief: "Herjemine!"

Als es zu guter Letzt verglühte,
die Asche schon der Wind verwehte,

und nun, am End', zusammenfiel,
da war es aus, das Feuerspiel.

Etwas Wärme blieb zurück,
was zählt ist nur der Augenblick.

## Angst

Die Einsamkeit ist's, die wir beklagen,
weil uns die Angst gefangen nimmt.

Wir öffnen uns nicht, weil wir uns binden.
Wir lösen uns nicht, weil wir uns nicht finden.

Wir vegetieren am Leben vorbei.

## Fluß der Zeit

Schwerverhangen ziehen Wolken
dort durch alle Weiten.
In sich fließend trägt die Zeit
sie durch Ewigkeiten.

Ruhig fließt der große Strom
durch die grünen Fluren.
Weiße Nebel wallen schon,
hinterlassen Spuren.

Klage nicht mein schwer Gemüt,
hast noch so viel Zeit.
Der Tag an uns vorüberzieht ,
sag an, wenn es soweit.

Leichtverhangen ziehen Wolken,
dort durch alle Weiten,
und die Zeit, sie trägt sich selbst,
durch die Ewigkeiten.

## Hoffnung

Und über allem Leben
wartet die Hoffnung,
denn sie befreit uns
aus unserer Verlorenheit.

Und über allem Leben
wartet der Tod.
Aller Anfang beginnt
nach dem Ende.

## Gefunden

Ich fand ein weißes Blümelein,
versteckt im weichen Moos.
Gewärmt vom warmen Sonnenschein
als läg's im weichen Schoß.

Es wiegte sich im grünen Moos,
als wollt' es niemals enden.
Bis daß die Zeit es losgelöst,
um das Dasein zu beenden.

Und doch, schon bald im nächsten Jahr,
da regt sich was in Moos und Klee.
Da war das Blümlein wieder da,
und blüht so schön, wie eh und je.

## Machtlos

Was ist die Zeit,
die nirgendwo beginnt
und verrinnt,
wie von unsichtbaren Flügeln fortgetragen?

Was ist die Zeit,
die uns gefangennimmt,
uns zum Handeln zwingt
und sich nicht zwingen läßt?

Was ist die Zeit,
die keine Zeit kennt,
die uns zu wehrlosen Geschöpfen macht?

Was ist die Zeit,
die nirgendwo beginnt und doch gewinnt,
als sei sie vermählt mit der Ewigkeit?

## Kinderzeit

Das Kind es lacht aus vollem Mund
und spielt vergnügt im Sand.
Das kleine Bäuchlein kugelrund,
das Förmchen in der Hand.

Es plappert heiter vor sich hin
und wirft ganz weit den Sand,
es sieht schon einen Sinn darin,
hat ihn schon längst erkannt.

Sein Alltag ist ganz ausgefüllt,
in seinem kleinen Leben,
die große Sehnsucht schon gestillt,
die es sich hat gegeben.

Geschickt den Spaten in der Hand,
baut es sich seine Welt.
Figuren formt es elegant,
sein Auge ist vor Glück erhellt.

Wie groß ist doch sein kleines Reich,
wie unbeholfen sein Gebaren.
Weinen und lachen kann es zugleich
und sich mit wenig offenbaren.

Das kleine Bäuchlein kugelrund,
das Händchen zupft am Haar,
es lacht vergnügt sein kleiner Mund,
die Welt des Kindes ist wunderbar.

## Vertrauen

Gott gab mir Augen zum schauen.
Gott gab mir Ohren zum hören.
Gott gab mir meine Sinne und viel mehr.

Ich gab mir einen starken Glauben,
meine Seele dürstet nimmermehr.

Ich lehrte mich die Liebe zu lieben,
die Musik, den Frohsinn, den Tanz.
Ich darf mich in meinen Armen wiegen,
meine Seele, ein heller Lichterkranz.

Ich lehrte mich hoffen, mir vertrauen.
Jeden Tag ein wenig mehr.
Froh darf ich in die Zukunft schauen,
um mich ein einziges Lichtermeer.

## Ruhelos

Wir sind alle ziehende Vögel im ewigen Wind.
Ruhelos irren wir durch den Tag,
ziellos und blind.

Wir sind nicht mehr als ein Glied in der Kette,
im Kosmos ein Staubkorn,
das vergeht.

## Stille

Ein Atemzug ist unser Leben.
Novembertage, Zeit der Klagen.
Zeit zur innerlichen Einkehr.

Wo Leben und Tod so nahe sind,
regt sich unser geistig Empfinden.

Wir schauen zum Leben
und verneinen den Tod,
der tagtäglich mit uns auf die Reise geht.

Leben und Tod, für immer vereint.
Sie gehören zusammen.

Niemand kann sie voneinander trennen.

Wenn wir das Leben annehmen,
erlischt die Furcht vor der endlosen Nacht.

Lichtspiele

Wo finde ich die Heimat,
die meinem Geist entspricht?
Wand're, meine Seele, zum hellen Licht.

Gedankenspiele kreisen ruhelos umher,
als wollten sie beweisen, es ist gar nicht so schwer.

Das helle Licht scheint mir so nah.

Ich muß es nur erkennen,
mein ganzes Leben zum Licht bekennen.

## Das Licht Gottes

Ein Licht begleitet dich
auf allen deinen Wegen.
Ein Licht das dir von Gott gesandt,
begleitet dich durchs Leben.

Es führt dich aus dem Dunkel,
der langen, schweren Nacht,
begleitet dich im engen Haus
und hat dich sehend gemacht.

Schaut her

Schaut her, ihr von der Sonne geblendeten
und von der Angst zerfressenen Seelen.

Schaut her und erkennt, das bin ja ich!

Ihr Dürstenden werdet darben,
denn nicht heilen wollen eure seelischen Narben,
weil ihr euren eigenen Geist unterdrückt.

"Schaut her ihr Kinder dieser Welt!"
spricht eine Stimme in Euch.
Habt ihr zu euch gefunden, werden heilen eure Wunden.

Und ihr gehört euch selbst.

## Mutlos

Ein Tag ohne Hoffnung hat kein Gesicht,
um dich herum ist nur Finsternis.

Ein Tag ohne Hoffnung verliert an Glanz
und macht dich zum Verlierer.

Ein Tag ohne Freude verstaubt deine Sinne,
du gewinnst keine Stärke, keinen Halt in dir!

## Siegen

Es ist nie zu spät für neues Beginnen,
solange wir atmen verändern wir uns.

Solange wir leben gibt es ein Ziel,
nur müssen wir unser Ziel erkennen.

Wagen und Vertrauen auf die Dinge die kommen
und alle Ängste zerfließen, lösen sich auf.

Jeder Tag ist ein neuer Beginn.
das Leben erfüllt seinen Sinn,

und läßt uns zum Ziel gelangen.

## Der Bann

Es löst sich der Bann und irgendwann
fliehen die dunklen Gestalten.

Altes Leben zerrinnt, neues Leben beginnt.
Sag, wer hat ihre Macht gespalten?

## Danket

Danken wollen wir dem Herrn,
für Güte und Vertrauen.
Christen kommt von nah und fern,
laßt uns ein Schloß der Liebe bauen.

Durch gläserne Wände wollen wir schauen,
die wir geschaffen mit eigener Hand.
Stein um Stein im Selbstvertrauen,
kommt, schmückt das Haus im Festgewandt.

Kommt, schmücket euch nun selber aus,
krönt euch für eure Taten.
Christen kommt von nah und fern,
laßt doch nicht eure Seele warten.

## Gnadenlos

Und morgen wirst du weinen,
denn der Sommer nahm Abschied.

Die Rose, die da einst erblüht,
muß irgendwann nun scheiden.

Morgen wirst du traurig sein,
denn es beginnt der Herbst.

Der Tag nimmt dir Lebendigkeit,
die Stunden der Jugend liegen so weit.

Das Leben kann gnadenlos sein,
Die Zeit, sie flieht, sie flieht.

Anmut

Ein Buschwindröschen blühte
an einem Tag im Mai.
In Anmut es erglühte,
das Röslein zart und fein.

Da kam der Wind des Weges
und rief der Rose zu:
„Nie sah ich soviel Anmut
als dich mein Blümlein du."

Er blies der kleinen Rose
ins zarte Angesicht,
sie immerfort liebkoste,
bis sie vom Stiele bricht.

Leicht fallen ihre Blüten
zum Erdengrund hernieder,
die Zeit wird sie behüten,
bis sie erblühet wieder.

## Die Maske

Was erschreckt dich Narr, was erregt dein Gemüt?

Du fürchtest dich vor dem Unbekannten?
Erschrickst über das Böse in dir?

Und doch wirst du irgendwann erkennen:
"Das Fremde gehört ja zu mir!"

Schau hinter deiner eigene Maske
und erkenne: „Das bin ja ich!"

So und nicht anders bist du, Narr,
mal König, mal Bettler.

Ganz wie es der Tag von dir verlangt.

## Nachtzyklus

Verstumme kleine Märchenfee,
die du aus dem Zyklus der Nacht entstanden
und aus brüderlichen Banden
mein Herz den Mythen weiht.

Warum soll ich klagen
im Traum dieser Macht.
Der Traum in mir ein Feuer entfacht,
ich war dort eins mit den Flammen.

Und doch war es Eis das brannte.

Ich spürte Verlangen nach dem Leben.
Als ich erwachte war alles vorbei,
mir war, als springe das Herz mir entzwei,
im Banne dieser Nacht.

## Im Rosengarten

Ich schritt durch den Rosengarten
um nach den Blumen zu sehn.
Ich sah ein Mägdelein warten,
das war so jung und so schön.

Sie hatte zwei hellblaue Augen,
dazu einen kirschroten Mund.
Sie kam um den Sommer zu schauen,
sah mir auf der Seele Grund.

Ich küßte zart ihre Lider,
mein Herz war seltsam schwer;
denn Sommer ward es wieder.
Von ferne zogen Träume her.

Wir träumten beide das Märchen,
vom Sommer der nie vergeht.
Hoch über uns sang die Lerche
und der Wind das Echo verweht.

Ich lauschte der Liebsten Worte,
mir wurde auf einmal so bang.
Ein Zauber kam von diesem Orte,
lag es an der Vögel Sang?

Ich sah das Mädchen niemals wieder.

Du

Du warst der kleine Irrtum in meinem Leben,
doch ich habe mir verziehen.


Geh noch nicht

Geh noch nicht, bleib' noch stehn,
bevor wir auseinandergeh'n.
Ich sehe Tränen in deinem Gesicht
und weiß, wir werden uns wiederseh'n.

Irgendwann wird es gescheh'n.
Nicht heute, morgen,
sondern wenn wir reif sind für unsere Liebe.

## Mädchenträume

Ich träumte von einem Märchenprinzen,
fernab von der Wirklichkeit.
Heute muß ich mir gesteh'n,
es war pure Eitelkeit.

Hinter bunten Hügeln, dort lag meine Welt,
die nur von Illusionen getragen.
Stark wie Gott Amor war mein Held
aus meinen Mädchentagen.

Als ich aus meinen Träumen erwachte,
war mein Märchenprinz nicht mehr da.
Doch tief in meiner Seele wachte,
mein Märchenprinz unendlich nah.

## Mein Held

Du warst mein Held,
der Traum meines Lebens,
du warst die Erfüllung,
du warst das große Glück.

Heute weiß ich,
Helden müssen einmal sterben.
Mal früher, mal später
und niemand weiß, wann es geschieht.

## Spiel

Du hast mit meinem Herzen gespielt,
doch ich glaubte Dir.

Weil ich Dir glauben wollte.


## Allein

Geh doch, wenn du gehen willst!
Schau nicht nach meinen Tränen!

Geh!
Und lasse mich mit meiner Traurigkeit allein.

## Freude

Lieben mag ich,
küssen mag ich ,
ach Leben, mein Leben, wie lieb ich dich.

Küsse ertrinken im Rausch der Gefühle.
Ein einziger Herzschlag
schlägt für uns zwei, schlägt für dich.

## Das Glück

Ich ging hinaus auf die helle Straße
und sah die Sonne über mir.

Ich ging hinaus in das Leben.

Ich suchte das Glück und ich fand es in mir.

Liebe


Liebe ist mehr, mehr als du glaubst.
Alle Erfüllung trägst du in dir.

Die Liebe verleiht dir unsichtbare Flügel,
die Liebe trotzt allen Mächten der Welt.

Nur wer liebt kann verzeihen,
denn die Liebe fragt nicht: „Warum?"

Das Lied des Windes


Und der Wind singt seine Lieder
und überdauert alles Leben der Zeit.

Menschen kommen und gehen ,
der Wind wird ihre Asche verwehen
und sie über die Fluren verteilen.

Nichts bleibt zurück von des Menschen Glück.
Wie ein Funke im Feuer, das die Nacht auslöscht.

Nichts erinnert an das Abenteuer Leben.
Schatten und Licht, mehr bleibt nicht zurück

Was folgt danach? Ein neues Leben?
Niemand weiß eine Antwort,
kein Wesen der Zeit.

## Abschied

Nebel steigen aus den Gründen
und verzaubern Berg und Tal,
Herzen wieder Ruhe finden
Blätter wehen ohne Zahl.

Bunte Träume neu geboren
möchten nun der Zeit entflieh'n,
es sucht die Seele traumverloren
nach neuen Wegen, neuem Ziel.

Der helle Schein und gute Segen,
die uns der Schöpfer neu gewährt,
geben uns Kraft auf allen Wegen,
die uns der Herbst erneut beschert.

Einst wandern wir zu Gottes Quelle
und kehren nicht mehr wieder.

## Berauscht

Ich hatte meine Träume,
als für mich die Welt so jung.

Doch mußte ich erfahren,
nach all den Jahren,
blieb von den Träumen nur die Erinnerung.

Ich habe meinen Träumen verziehen.
Träume kommen, verzaubern
und entfliehen ins Niemandsland.

## Freiheit

Flieg, kleiner Vogel, flieg,
flieg in die Freiheit.

Flieg, kleiner Vogel, flieg,
flieg durch die Sommerzeit.

Flieg, kleiner Vogel, flieg,
flieg über Täler und Höhen,
über Wälder und Seen.

Flieg, kleiner Vogel, flieg,
flieg in den hellen Himmel hinein.

## Erfüllung

Du bist die Erfüllung, du bist mein Leben,
du bist wie der helle Tag.

Du bist die Liebe in meinem Leben,
du bist die Sonne neben mir.

Reich ist mein Leben,
denn Du gehörst zu mir!


## Glück

Glück ist Rausch für ein paar Sekunden,
ehe ich es erfasse, fliegt es davon.

Was ist Glück?
Eine Täuschung, die meine Sinne berauscht?
Oder ist Glück mehr, mehr, als ein kurzer Augenblick?

## Sturmflut

Hört ihr den Sturm, der Tod uns bringt?
Gierig schlagen die Wellen zum Strande.
Wir sind von Wasserfluten umringt,
weiter rast er durch die Lande.

Heulend zerrt und braust der Sturm,
nicht lange mehr halten die Deiche.
Schon schlagen die Wellen den Gottesturm,
oh Wasser, weiche - weiche.

Laß Milde, Herr, dem Unrecht walten,
wir fleh'n dich an in höchster Not.
Da bersten schon des Mauerwerks Balken,
triumphierend erreicht uns der nasse Tod.

Erbarmen, Herr, erhör unser Fleh'n!
Gierig schlagen die Wasser zu Felde.
Ein Land, ein Volk in den Fluten vergeh'n.
Es schweigen für immer die tapferen Helden.

## Trost

Weine nicht, wenn ich scheide,
weine nicht, wenn ich geh zur Ruh.
Das helle Licht, es wird mir scheinen.
ich weiß, das helle Licht bist du.

Das helle Licht wird mich begleiten,
wohin die Seele wandern mag.
Wenn Tod und Leben sich vereinen,
hat gesiegt die ewige Macht.

# Wiederkehr

Vergangen der Sommer mit seiner Schönheit,
verblüht die glutrote Rose.
Der Herbst, der nun geht übers Land,
läßt erblühen die Herbstzeitlose.

Ein Farbenrausch erquickt die Seele,
bunt färben sich Gärten und Felder.
Warte, warte noch ein Weilchen,
bis der Kobold zieht durch die Wälder.

Was ist uns geblieben vom ruhmreichen Sommer?
War es Legende? War es mehr?
Wo ist der Anfang, wo das Ende?
Ein endloser Fluß ohne Wiederkehr.

## Meine Mutter

Sie war ein Teil von mir,
jetzt ruhen kraftlos ihre Hände,
es schließt sich leise eine Tür,
ein Leben geht nun sanft zu Ende.

Sie war der Fels für alles Gescheh'n,
der Motor des Lebens mit ganzer Kraft.
Hat jeden von uns ins Herz geseh'n,
und mit uns geweint und gelacht.

Sie war die Erfüllung für den Tag,
die Güte, das Leben, der ruhende Pol.
Sie gab uns Licht in der dunklen Nacht,
nun gehst du von uns, Mutter, leb wohl.

Ein Glanz liegt noch auf deinen Augen,
deine Hände gefaltet stumm zum Gebet,
dein ewiger Mut und starker Glaube,
hast du in unsere Herzen gesät.

Du gehst für immer in Gottes Reich
doch unsere Liebe begleitet dich.
Die roten Wangen so seltsam bleich,
dein Antlitz zärtlich und königlich.

Leb wohl, liebe Mutter, hier endet dein Weg
und uns bleibt nur der tiefe Schmerz.
Eine letzte Rose in die Hände ich leg,
dein Leben erloschen, mein Mutterherz.

## Dein Weg

Wenn Träume die du träumst,
vom Winde leis verweh'n.
Wenn einmal seine Schritte,
von deiner Seite gehen.

Wenn schwarze Schatten ziehen
durch der grauen Tage Zeit
und allem Weltlichen entfliehen
bis in die Ewigkeit.

Dann öffne deinen Sinn,
dein Herz und auch den Geist.
Das Leben steht zu Anbeginn,
die Seele dir die Wege weist.

# Frühlingsboten

Hört ihr den Frühling singen?
Mit seinem hellen Schwingen,
kommt er zu dir ins Haus.
Veilchen, Glöckchen, Anemonen,
locken dich hinaus.

Der Frühling schmückt sich aus,
möcht auch dein Herz gewinnen.
Es tanzen wieder Has' und Maus,
Frau Nachtigall nun singet.

Der Frühling gibt ein Stelldichein,
wer sitzt noch in den Stuben?
Frau Mutter und das Töchterlein,
Herr Vater und die Buben.

Sie ziehen mit der hellen Zeit.
Auf, auf, wer will noch warten?
Der Frühling sich vor uns verneigt,
kommt mit durch seinen Garten.

# Machtkämpfe

Es trafen sich einst zwei Gedanken
vor dem Tor zum Niemandsland.
"Die Menschen heutzutag' erkranken
zuerst am Herz, dann am Verstand."

So sprach der eine zu dem anderen:
„Komm, wir kitzeln nun den Geist.
Der Mensch oft mit dem Schicksal hadert
drum kommen wir und sagen dreist:

Daß der Mensch ein hilflos Wesen
wenn er ist auf sich gestellt.
Gibt sich schlau und so belesen
und glaubt er sei der größte Held.

Nur eines hat er nicht bedacht,
hat uns ganz einfach ignoriert.
Läßt man uns beide außer Acht,
so ist das Unheil programmiert.

Wir spuken dann in froher Runde,
lachen dem Menschen ins Gesicht.
Der Geist, er steht mit uns im Bunde
und oftmals schimpft er fürchterlich.

Wenn der Mensch ihn nicht beachtet,
dann rächt er sich, mal hier, mal da,
und der vor Übermut gar lachte
und uns ganz einfach übersah?

Dem durchkreuzen wir die Sinne,
klopften auch mal kräftig an.
Willst du, Mensch, den Kampf gewinnen?
Jag' uns Energien von dannen.

## Eine Knospe

Eine Knospe brach ich vom grünen Baum,
so zart und zerbrechlich anzuseh'n.
Oh einzigartiger Frühlingstraum,
ich hab dich mit meinem Herzen geseh'n.

Eine Lerche sah ich mit braunem Gefieder,
sie brachte den ersten Frühlingsgruß.
Zeit der wiederkehrenden Lieder,
ich schenke dem Frühling einen Kuß.

Einen Knaben sah ich mit lockigem Haar.
Wir tauschten goldene Ringe aus.
Es lachte mich an ein Augenpaar,
die Liebe kam in unser Haus.

## Maientag

Ich schaute in die Maienwelt
und fand im Gras versteckt,
ein wunderschönes Blümelein
das nun der Mai geweckt.

Gar lieblich war es anzuseh'n,
das wuchs an diesem Orte.
Mir war's als könnte ich versteh'n
des Maienglöckchens Worte.

Ich lauschte in den jungen Mai,
sah stumm aufs Glöckchen nieder
und fand mich dann zu guter Letzt
in dieser Blume wieder.

Macht euch die Erde untertan


Und Ihr Wille wurde Wirklichkeit.

Der Himmel ward zornig,
und versprühte sein Feuer.
Dann kam erneut die Dunkelheit
und nahm dem Tag das Sein.

Durch die Finsternis glühte ein Licht,
stark und gewaltig.
Es entstand ein neuer, langer Tag,
mit Leben, Pflanzen und Tieren.

Und Sie sprachen:
"Wir schenken euch diese Welt,
seid guten Willens!"

Und das Wesen Mensch nahm den Auftrag an.

Es vergingen Millionen von Jahren.
Der Mensch machte die Erde untertan,
und sich zum Ausbeuter dieser Welt.

Eines Tages werden Sie uns fragen:
"Was habt ihr aus dieser Welt gemacht?"

Und wir werden antworten:
"Denket, bevor diese Erde entstand war Wüste,
wir Menschen haben sie wieder zur Wüste gemacht."

Doch Sie werden zornig sein.
Und die dunkle, lange Nacht wird kommen.

## Morgen

Und Morgen wirst du weinen,
denn der Sommer nahm Abschied.

Die Zeit, sie flieht,
das Herz, das einst erblüht,
muß irgendwann mal scheiden.

## Nachtlied

"Schlaf ein, schlaf ein, mein kleiner Bub
denn es ruft die Nacht.
Die Wölkchen dort am Himmel,
halten dir die Wacht."

"Mutter," fragt der kleine Bub,
„warum ist die Nacht so hell?"
"Mein Kind es sind die Sterne
die leuchten dir zur Stell."

"Mutter, warum weht der Wind
so kühl ins Fenster rein?"
"Es ist mein Kuß für dich mein Kind,
du mußt nun schlafen fein."

"Schau Mutter, dort die grauen Gespenster
ziehen wieder durch die Nacht."
"Mein Bub, der Mond schaut in das Fenster,
er hat die Gestalten erdacht!"

Es lächelt nun sein kleiner Mund,
er träumt dem hellen Tag entgegen.
"Schlaf ein, schlaf ein, mein kleiner Bub.
Gott schenk' dir seinen Segen!"

Ich


Ich umarme mich, bin mir ganz nah.
Ich suche Kontakt zu meinem Ich.

Ich streichle mich,
fühle mich in mir nun geborgen.

Meine Kraft, sie dürstet nimmermehr.
Ich trinke und trinke
bis sich die Seele gesättigt hat.

## Zuhause

Müde bin ich heimgekehrt
nach den Lasten, nach den Tagen,
fand meine Seele unversehrt
trotz aller Zweifel, Klagen.

„Es ist noch Zeit," mein Herz nun spricht,
„ruhe und verweile."
Auch wenn die Zeit nun flieht und raunt
mir heischend zu: „Beeile!"

Nun denke ich, ruh in mir aus,
bin müde schon geworden.
Ich schmücke aus mein stilles Haus
und freu' mich auf den Morgen.

Weine nicht


Weine nicht nach alten Tagen
denn die Zeit, sie muß vergeh'n.
Müh und Lasten die wir tragen,
alle Träume, sie vergeh'n.

Sieh das Leben ist ein Wunder,
denn Du mußt es nur versteh'n.
Tag für Tag, in jeder Stunde,
wird Gott an deiner Seite geh'n.

Und nach wunderschönen Stunden,
sehnt Dein Herz sich dann zurück.
Deine Seele halb zerschunden.
Verzehrst Dich nach dem Augenblick

Träume die für dich geschrieben,
die der helle Tag beschert.
Sehnsucht ist Dir nur geblieben,
was das Herz einmal begehrt.

Wache auf, es schlägt die Stunde
doch die Zeit wird weiterzieh'n.
Aus der Seele tiefem Grunde
kommen Geister unbeseh'n.

Wecken alle Deine Sinne,
appellieren an Dein Herz.
Und die Zeit bringt Dir Gewinne,
macht Dich reif für Deinen Schmerz.

Senkt sich dann der Abend nieder,
ist nun Gott ganz nah bei Dir.
Heiß durchströmt es Deine Glieder,
denn er öffnet Dir die Tür.

Hast Du endlich heimgefunden,
nach dem Brand der Erdenglut.
Sorg' und Lasten nun entschwunden,
du brichst auf mit neuem Mut.

## Selbstvertrauen

Ich kann, wenn ich will, ich muß nicht verzagen.
Ich weiß was ich will, ich werde nicht klagen.

Ich kenne den Weg, kenn' meine Straße,
die niemals endet solange ich atme.

Ich trage in mir eine Kraft,
diese Kraft trägt mich
über alle Brücken dieser Welt.

Verderben


Verflucht den Krieg, Verdammt den Tod,
treibt aus des Teufels böse Spiele
und wehrt euch gegen seine Macht.

Noch ist es Zeit.
Wir sind noch nicht verloren,
denn Mut wird aus der Angst geboren,
Mut befreit.

Warum?


Frag nicht, warum es geschah.
Niemand kann uns eine Antwort geben.

"Warum?"

Wir waren beide so jung, nicht reif für das Leben.
Du gingst fort, kamst nie mehr wieder.

"Warum?"

Ich zehre von der Erinnerung.

Schatten


Dreh dich nicht um,
wenn Schatten dich begleiten.
Laß die Vergangenheit hinter dir.

Weine nicht nach vergangenen Tagen,
weine nicht nach dem verlorenem Glück.

Keine Flügel trägt die Zeit,
denn über jede Stunde
wirft der Tag sein eigenes Kleid.

## Erwachen

Als hätte heut der Himmel
die Erde neu geküßt,
denn über Feld und Fluren
es wieder Frühling ist.

Als hätte heut der neue Tag
sein eignes Lied gesungen.
Ich höre seine Melodie,
ach mög' sie nie verstummen.

Und tief in meiner Seele,
da raunt und spricht es hold.
Ach könnt' ich's dem erzählen,
der lauschte meinem Wort.

Zu ihm setzt ich mich nieder,
nun in der schönen Zeit,
und hör' des Frühlings Lieder
in trauter Zweisamkeit.

Als hätte heut der Himmel
die Erde wachgeküßt,
denn über alle Fluren
es wieder Frühling ist.

# Heilung

Hinter grauen Schatten
bahnt sich helles Licht.
Geist und Seele klagen,
seh'n die Sonne nicht.

Denn der Worte Schweigen
drückt des Menschen Herz.
Es kann nicht Freude zeigen,
fühlen nur den Schmerz.

Stumme Zeugen fliehen
durch die dunkle Nacht.
Wahren ihr Geheimnis,
auch wenn der Tag erwacht.

Helle Lichter spiegeln sich
auf der Seele Grund,
binden sich im Reigen.
tun dem Geist die Heilung kund.

## Erkennen

Ich suche die Menschen, doch ich finde sie nicht.
Sie sind mir nah und doch so fern.

Ich sehe in ihre Augen
aber sie sehen mich nicht.

Ich suche meine Kindheitsträume,
ich finde sie nicht mehr und ärmer wird der Tag.

Ich sehe des Menschen Einsamkeit,
sehe der Wahrheit nacktes Gesicht.
Schmerz brennt auf meiner Seele.

Doch es ist unser Leben.
Wir gehören dazu, du und ich.

## Kinderaugen

Der kleine Junge von der Straße
hat seine eigenen Träume.
Du wirst sehen, irgendwann
erfüllen sich seine Träume .

Mädchenhände halten dich fest,
spielen, scherzen, lachen.
Frei und fröhlich ist ihr Sinn
und jede von ihnen --
schon eine kleine Königin.

Zur Sonne


Zur Sonne, zum Licht,
zum ewigen Leben.
Zur endlosen Freiheit
nach dunkler Nacht.

Zur Sonne, zur Wärme,
streckt sich mein Haupt.
Es labt sich die dürstende Seele.

Zürne nur


Noch blüht der weiße Oleander,
betäubend sein süßer Duft.
Er berauscht mich wie Champagner.

Ich breche mir eine Blüte.
Weinst du nun Tränen weil ich dich brach,
weil ich dir ins Herze stach?
Zürne mit mir, ich kann dich versteh'n.

Ich mußte dich pflücken um mich zu beglücken.
Doch was hab ich getan?
Zürne mit mir.

Die Soldaten


Feuer brannte in der Nacht,
dumpf klang es aus der Ferne.
Haltet ein des Menschen Macht,
weist uns den Weg, ihr Sterne.


Ein Feuerschweif glühte in der Nacht,
ein Bersten zerriß die Stille.
Nur der Mond hielt seine Wacht,
war das Gottes Wille?


Soldaten marschieren singend
durch die Straßen.


„Hohe Nacht der klaren Sterne"
erklang's einstimmig im Chor.
Sinnloses Sterben in der Ferne;
sie marschierten mit schwarzem Humor.

Es verschluckte sie die dunkle Nacht
und ließ sie nimmer aufersteh'n.
Der Teufel spielte aus seine Macht
und machte alles ungescheh'n.

Und Gott sah tatenlos zu,
ließ das Böse Früchte tragen.
Der helle Tag, er ging zur Ruh,
kein Jammern mehr, kein Klagen.

Zu spät, die Erde hat sie zugedeckt,
der Wind vertrieben den dunklen Staub.
Der Tag hat sie nicht mehr geweckt,
längst ist verdorrt das grüne Laub.

## Der Teich

Sie nannten es Planung,
waren stolz darauf ---
und Tausende mußten sterben --- Tiere nur!


Kein Klagen --- Kein Jammern.

Der Teich lagt da, so still, so friedlich.
Kein Laut dringt an mein Ohr.
Keine Grille höre ich zirpen,
kein Fröschequaken mehr im Chor.

Der Teich war unser Lieblingsort,
hier waren wir Kinder ungestört.
Den schönen Platz, den gibt's nicht mehr,
er ist schon lange, lang zerstört.

Sie nannten es moderne Planung,
doch merkten sie nicht, wie brutal
sie die kostbare Natur beraubten.

Die letzten Idyllen auf dieser Welt,
sie werden oft sinnlos vernichtet.
Der Machtfaktor heißt Geld, nur Geld,
gibt es niemanden, der über die richtet?

Die brutal die kostbare Natur zerstören
und sich nicht kümmern, was kommt danach.
Kein Auge will sehen, kein Ohr mehr hören,
denn sie wissen um ihre eigene Schmach.

Werden die Menschen jemals versteh'n,
wie sie sich selbst betrügen?
Später hilft kein Jammern und Fleh'n,
und es wird ernst um unseren Frieden.

denn die Natur ist unerbittlich,
vernichtet jeden, der gegen ihre Gesetze verstößt!

## Der Wassergeist

Der Wassergeist, er spukt ganz dreist
durchs nächtliche Gewässer.
Tut grad', als wenn allein er wär,
als hätt' er es besonders schwer
und weiß stets alles besser.

Wer ihn nicht kennt, dem ist er fremd,
weiß nichts von seinen Taten.
Doch, wenn er prustet, lechzt und heult
und keine seiner Taten scheut,
-- ein listiger Geselle.

Doch wer ihn sieht, weiß was geschieht,
erbärmlich sein Gehabe.
Der lache ihm ins Angesicht,
dem bösen, argen Seelenwicht,
daß er gleich selbst verzage.

## Das Erbe

Stürme toben über die Meere
und vernichten Hof und Gut.
Ohnmächtig schauen wir zu,
wie langsam stirbt die Vogelbrut.

Keine Blumen mehr auf weitem Feld,
kein Vöglein singt uns freudig zu.
Feuer ergießt sich über die Welt,
treibt Mensch und Tier dem Abgrund zu.

Der Tod schleicht lautlos über die Steppe.
Hört ihr denn nicht, wie er schaurig singt?
Wir gehen abwärts seine Treppe,
hört ihr denn nicht, wie es lieblich klingt?

Wenn wir nicht erwachen dann ist es zu spät;
zu spät für unsere Erben.
Ist die Saat erst mal verweht,
dann Freunde, kommt das Sterben.

Nutzt die Stunde, fangt an.

Heute noch!

Kätchens Neugier


"Sag Mutter, was bedeutet Krieg?"
fragt das kleine Kätchen.
"Ein kleines Mädchen fragt das nicht
mein allerliebstes Kätchen!"

Das Kätchen fragt nun den Papa:
"Sag Vater, was bedeutet Krieg?"
Der Vater räuspert sich und spricht:
"Der Mensch kämpft um den Sieg!"

Da läuft das Kätchen zu der Oma,
stampft wütend mit dem Fuß.
"Sag Oma, was bedeutet Krieg?
Ich hätt's so gern gewußt."

Die Oma spricht leis im Vertrauen:
"Mein Kind, nun das verstehst du nicht!"
Böse funkeln Kätchens Augen,
und sie zum Opa spricht:

"Sag Opa, was bedeutet Krieg?"
Wütend ist das kleine Kätchen.
Dieser schaut sie an und spricht:
"Mein kleines, dummes Mädchen.

Der Krieg ist nichts für dich mein Kind,
du bist noch viel zu klein."
Das Kätchen läuft hinaus geschwind
zum hellen Sonnenschein:

"Bitte lieber Sonnenschein,
wie soll ich das versteh'n?
Alle sagen, ich sei zu klein,
so kann's nicht weitergeh'n!"

"Mein Kätchen,"
lacht der Sonnenschein,
„freu dich an anderen Dingen.
Der Krieg ist grausam und gemein.
Hörst du die Wolken singen?

➤

Sie singen dir das Lied der Zeit
und stillen dein Begehren,
sie öffnen deine Seele weit
und möchten dir erklären.

Daß kleine Mädchen, grad wie du
nicht stellen solche Fragen.
Sie sind der Boden geradezu
für Leid und wild Verzagen!"

Das Kätchen schweigt und lauscht gebannt
und hört den Wolken zu.
"Ich weiß, ich habe nun erkannt:
der Krieg bin ich und du!"

## Abschied

Der Sommer geht mit all seiner Schönheit,
verblüht ist die glutrote Rose.
Der Herbst zieht über das Land,
und läßt erblühen die Herbstzeitlose.

Ein Farbenrausch erquickt die Seele,
bunt färben sich Gärten und Felder.
Warte, warte noch ein Weilchen,
bis  Kobolde ziehen durch die Wälder.

Was bleibt zurück vom ruhmreichen Sommer,
war es Legende oder war es mehr?
Sag an, was ist nur das Leben?
„Ein endloser Fluß ohne Wiederkehr."

## Der Tag

Der Tag hat sich geneiget
jetzt kommt die Finsternis.
Gott uns die Wege weiset
und führt uns zu dem Licht.

Der Tag hat sich geneigt
komm reich mir deine Hand,
die Liebe sich in uns vereint,
weist uns ins stille Land.

Betrachtungen


Ich kenne mich und weiß nichts von mir.
Ich habe Angst etwas zu verlieren,
was ich noch nie besaß.

Ich hatte nie eine Heimat
und doch hat man sie mir genommen.
Meine Gefühle spielen ihre eigenes Spiel.

Als wärst du ein guter Bekannter,
als wärst du ein naher Verwandter,
und doch weiß ich nichts von dir!

Der Zins


Und der Himmel weint Tränen.
Glutrot versinkt die Sonne.
Schatten legen sich über das Land
und verdunkeln die Erde.

Tag und Nacht sind eins,
verschmelzen ineinander,
zeigen sich drohend dieser Welt.

Der Mensch fürchtet sich und ruft:
"Herr, laß wieder Morgen werden."

Doch Es spricht:
"Ich gab euch diese fruchtbare Erde.
Was habt ihr daraus gemacht?
Ihr habt vernichtet, ruiniert,
was ich euch einst anvertraute."

Blitze durchziehen den Himmel.
Donner grollt und erschüttert die Erde.
Die lange Nacht ist gekommen.

Blütenträume

Die letzten Blütenträume
verweht der Sommerwind.

Lautlos fliegen sie dahin,
Kein Sterblicher wird je versteh'n,
wohin, sie nun verweh'n.

## Der Widder

Der Widder stürmt auf allen Vieren
tagtäglich durch sein Jagdrevier,
pirscht sich durch das Waldgehege,
daß nichts der Beute ihm entgehe.

Mit spitzen Hörnern gradezu,
kennt keine Rast und keine Ruh,
ist ungebremst in allen Dingen,
weils beste ihm nur darf gelingen.

Ist er auch hitzig, trotzig, bockig
und trägt zudem das Haar noch lockig,
hat die Stirn stets kraus gezogen,
schwimmt oben doch auf allen Wogen.

Er weiß sich immer einen Rat,
setzt ihn sogleich um in die Tat.
Qualmen ihm auch mal die Socken,
hat er die Kraft neu aufzustocken.

Hinterlistig ist er nie,
zwingt sich oft selber in die Knie,
ist immer offen, geradeaus,
das wiederum, bringt ihm Applaus.

Er krönt sich förmlich vor Begier,
trägt stolz sein Haupt in wilder Zier,
stößt mit den Hörnern dann und wann,
ist hinterher brav wie ein Lamm.

Weil jene Wand den Stoß vertragen,
hör man ihm nachher fluchen, klagen.
Zu hart war das verflixt Gemäuer,
das Spiel ist ihm oft nicht geheuer.

Drum springt er weiter durchs Gehege;
doch wehe wer die Schau ihm stehle,
den packt er auf die Hörner dann,
weil meistens er den Kampf gewann.

Er ist der Größte doch fürwahr,
das wird auch seinen Gegnern klar.
Rennt weiter gegen Berg und Wand,
steht wieder an dem gleichen Hang.

➤

Und rutscht er mal 'ne Stufe runter,
blökt er trotz allem frisch und munter,
als wär' beileibe nichts gescheh'n.
Irgendwie wird's weitergeh'n.

Schaut stolz hinab ins grüne Tal,
blökt dreimal nun die gleiche Zahl,
denn allen Widdern sei gesagt,
wer sich so sieht, der folg' dem Rat:

Seinem Sternbild zu vertrauen
und immer nur nach vorn zu schauen.
Erstürmen sollt ihr jeden Gipfel,
erreicht ihr auch nur einen Zipfel.

Doch sei nicht traurig, nicht verzagt,
nur dem das Glück doch ewig lacht,
der seines Zeichen sich bewußt,
kommt selber zu dem festen Schluß:

Das er ja gar nicht anders kann,
ob Kind, ob Frau, oder ob Mann,
sie tragen all' das gleiche Zeichen,
weil nichts desselben ihresgleichen.

Tragen den Kopf hoch in die Höh,
verbeißen allen Schmerz und Weh,
sehn sich als Widder selbst am End',
einjeder ihre Richtung rennt.

Sie seh'n sich an der gleichen Stelle,
weil am Kopf die gleiche Delle,
und schleppen sich auf allen Vier'n
man sieht, in jedem steckt das Tier.

## Der Knabe

"Mutter," spricht das kranke Kind,
streckt seine Ärmchen aus,
„Hörst du nicht den Abschiedswind,
der weht um unser Haus?

Er möchte mich forttragen,
gar in den Himmel rein.
Ich höre ihn schon klagen
ich sehe seinen Schein."

"Was redest du, mein liebes Kind?"
die Mutter traurig spricht.
"Ich höre nicht den Abschiedswind
und sehe auch kein Licht."

"Er kommt schon näher an das Haus."
spricht wimmernd nun das Kind,
streckt seine dünnen Ärmchen aus:
"Hör Mutter, hör den Abschiedswind."

"Ach Mutter, liebe Mutter,"
flüstert nun der kranke Bub,
"möcht Rosen für dich pflücken,
die rot wie helle Glut.

Möcht hüpfen tanzen springen
in den hellen Tag,
und Lieder für dich singen,
so lang ich singen mag."

"Ach könnt ich für dich sehen,
mein armer Junge du,
und könnte dich verstehen,
mein Herz es fände Ruh.

Blind bist du geboren,
sahst nie das Sonnenlicht.
Meine Seele halb erfroren,
mein Herz entzwei mir bricht."

➢

Der Bub gibt keine Antwort,
es lächelt sein Gesicht,
hört nicht der Schrei der Mutter,
sieht ihre Tränen nicht.

Da küßt sie seinen bleichen Mund
und betet still für ihn.
Plötzlich aus dem Erdengrund,
blüht eine Rose wie Rubin.

Sie pflückt die rote Rose,
steckt sie dem Bub ins Haar,
küßt seinen bleichen Mund,
der nun so seltsam starr.

Und seit dieser Stunde
blühet Jahr für Jahr,
eine wunderschöne Rose
heut und immerdar.

# Herbst

Traumverloren wandle ich
auf des Herbstes Spuren.
Warm berührt das Sonnenlicht
honiggelbe Fluren.

Zeit, du läufst davon, davon,
warte noch ein Weilchen.
Erst gestern blühten sie so schön,
die himmelblauen Veilchen.

Erst gestern pflückten Sträuße wir,
in beschwingten Tagen.
Nun klopft der Herbst an unsre Tür,
den wir so sehr beklagen.

Jedoch, die Zeit, sie ruht nicht aus,
sie flieht mit schnellen Schritten.
Herbst, du klopfst nun an mein Haus,
drum will ich nicht lang bitten.

Ich weiß, die Zeit, sie holt mich ein,
ich kann mich doch nicht wehren.
Der Tag sagt an: „Es ist soweit!"
Wo soll ich mich beschweren?

# Eitelkeiten

"Ich bin," so spricht die Rose,
"die Schönste weit und breit,
ich trag jahraus, jahrein
das schönste Blumenkleid!"

Es lächelt das Vergißmeinnicht
erstrahlt im schönsten Blau:
"Ich trag' das zarteste Gesicht
im Garten, auf der Au!"

Das Maiglöckchen, es klingelt weit,
das blühet nun im Maien:
"Schauet auf mein Glockenkleid
ich muß die Schönste sein!"

"Was wär' der Mai denn ohne mich
und die verliebten Pärchen,
denn gäb' es mich, den Flieder nicht,
sind traurig Hans und Klärchen!"

Schon weht der Frühling durch die Fluren,
küßt Rose und Vergißmeinnicht,
das Maiglöckchen, den weißen Flieder,
den neuen Tag, das Sonnenlicht.

Küßt den Frosch im grünen Moose
und liebkost auch sein Gesicht,
läßt erblüh'n die Heckenrose,
läßt blühen das Vergißmeinnicht.

"Schaut her, ihr eitlen Blumen!"
der junge Mai nun spricht.
"Jede ist für mich gleich schön,
drum haltet nicht Gericht.

Wer die Schönste von euch sei,
ob Rose, Glöckchen, Flieder,
freuet euch im schönen Mai,
singt frohe Blumenlieder!"

Da stimmen alle Blumen ein
und singen helle Lieder.
"So ist es brav",frohlockt der Mai,
zieht lächelnd schon vorüber.

## Das Ziel

Der Teufel hat gepokert,
er saß an Gottes Tisch
hielt über den Menschen Gericht.

Der Teufel sprach:"Seht mich an,
ich bin der wahre Held."
Er mehr und mehr an Macht gewann,
nimmt sich, was ihm gefällt.

Der hundsgemeine Teufel,
er treibt sein böses Spiel.
Die Karten sind gefallen,
Verderben heißt sein Ziel.

## Das Licht der Welt

Herr, du bist das Licht der Welt,
nähre uns mit deiner Liebe.

Herr, du bist der helle Tag,
nähre uns mit deiner Güte.

Herr, du bist die dunkle Nacht,
erschreckst uns, wenn du Lust verspürst.
Du spielst mit deiner Macht,
du stets den Kampf aufs Neue schürst.

Dein Gesicht so trügerisch,
mal vereint und mal gespalten,
dein Geist mal fromm, mal kriegerisch.
Zwei blutrünstige Gestalten

vereinen sich in deinem Geist
und nähren sich vom Leid der Welt.

## Grünes Land

Ich liebe dich, mein grünes Land.
Geheimnisvoll und unbekannt
sind mir deine Weiten.
Du gibst mir neue Rätsel auf,
denn Träume kommen hier zu Hauf',
die mich fortan begleiten.

Du trügerisches, großes Meer,
Wolken ziehen sehnsuchtsschwer
über deine Weiten.
Oft hab' ich mich gefragt: „Warum?"
Doch meine Sinne bleiben stumm,
als hüteten sie Kostbarkeiten.

## Junger Soldat

An die Front, junger Soldat,
man will ja nur dein Leben.
Du spielst das grausame Spiel,
das nirgendwo Freunde hat.

An die Front, junger Soldat,
man will ja nur dein Leben.
Hörst du, wie die Kugel fliegt,
in die blutgetränkte Erde?

Laufe, junger Soldatensohn,
lauf' um deinen Sieg.

# Inhaltsverzeichnis

➤